SOCIÉTÉ
…EIGNEMENT POPULAIRE DE L'HÉRAULT

I

C. BOUGLÉ

Plaidoyer pour l'Enseignement populaire

Dix Centimes

EN VENTE
A LA LIBRAIRIE NOUVELLE
JULIEN CRÉMIEU
13, rue Nationale
MONTPELLIER

1900

SOCIÉTÉ D'ENSEIGNEMENT POPULAIRE DE L'HÉRAULT

Voici, à titre d'indication, la liste des sujets traités depuis le mois d'octobre 1899, et de ceux qui seront traités dans la suite :

SUJETS TRAITÉS :

Philosophie. — Initiative et association.
Qu'est-ce que la Philosophie ? — Vues générales sur la science. — Classification des sciences. — Vues générales sur l'Art : Rapports de la forme et de l'idée. — Qu'est-ce qu'une Constitution ? — Les coutumes pénales des peuples primitifs.

Sciences. — Le Phonographe. — La Fermentation. - L'Organisme humain. — L'Evolutionnisme. — Les Fossiles. - Les Préjugés populaires en médecine. — Les vers parasites de l'homme. — Les Colonies et les Sociétés animales.

Histoire. — Les premiers habitants de l'Europe. — Le Socialisme en 1848 et les Ateliers nationaux. — Les causes de la guerre du Transvaal.

Littérature et Beaux-Arts. — Le Souvenir, d'après la « Tristesse d'Olympio ». — La Poésie des Ruines. — La Philosophie d'Alfred de Vigny. — Un conte de Maupassant. — Le pouvoir expressif de la musique de Beethoven (andante de la Ve symphonie). — Le Clair de Lune (lecture de V. Hugo et A. France ; audition d'une sonate de Beethoven). — Les Troubadours. — Littérature populaire du bas Languedoc. — Le Cid de Corneille.

SUJETS PROPOSÉS :

Philosophie. — La Science et la Morale. — L'Amour de la science. — Les principales tendances philosophiques du temps présent. — Le Positivisme. — La Tolérance. — Comment se forme l'idéal de l'enfant. — La question féministe.

Science. — Comment se fait la Science. — Science ancienne et Science moderne. — La Photographie. — La Radiographie. — La Télégraphie. — Le transport de la force par l'électricité. — L'Avenir des Machines à vapeur. — L'âge des Astres. — La Vie de Galilée. — Les Maladies du Vin.

Histoire. — Les vieilles civilisations de l'Orient et de l'Egypte. — Le Livre dans l'antiquité. — Pompeï. — La liberté civile dans les cités antiques. — L'esclavage dans l'antiquité. — La condition du Paysan au moyen âge. — La condition de la Femme au moyen âge. — Les Corporations. — Le Compagnonnage. — Les Armées de la République. — La Trahison de Louis XVI. — Montpellier sous l'ancien régime. — Pons de l'Hérault. — Gambetta. — L'Evolution de la classe ouvrière en Angleterre. — L'Evolution de la classe ouvrière en France. — Histoire du droit d'association. — Les Massacres d'Arménie. — La Guerre du Transvaal. — Les orateurs de la Révolution.

Littérature et Beaux-Arts. — Victor Hugo dramaturge, romancier, poète épique. — Molière et le Misanthrope. — Une Fable de Lafontaine. — Un conte de Daudet. — Un romancier américain. — Les idées morales de Tolstoï. — Les Comparaisons, les Métaphores et les Allégories. — La Beauté des Paysages. — Les joies de l'érudition, d'après A. France. — Poésies populaires de Bouchard. — Rembrandt. — L'Ecole Hollandaise. — Greuze. — Courbet. — Corot. — La Musique classique et la Musique romantique [Auditions de Mozart, Beethoven, Wagner]. — La Musique expressive et la Musique descriptive [Auditions de Schumann et de Berlioz]. — Vieilles chansons populaires.

PLAIDOYER
POUR L'ENSEIGNEMENT
POPULAIRE

SOCIÉTÉ
D'ENSEIGNEMENT POPULAIRE DE L'HÉRAULT
I

C. BOUGLÉ

Plaidoyer pour l'Enseignement populaire

EN VENTE
A LA LIBRAIRIE NOUVELLE
JULIEN CRÉMIEU
13, rue Nationale
MONTPELLIER

1900

Plaidoyer pour l'Enseignement populaire [1]

Mesdames, Messieurs,

Pour la plupart, ici, nous sommes des privilégiés, privilégiés de la situation, de l'éducation, de la fortune : c'est auprès des classes privilégiées que je veux plaider, ce soir, la cause d'un enseignement qui prétend s'adresser aux classes déshéritées.

J'appelle déshérités ceux qui, obligés de travailler toute leur vie pour vivre, n'ont pas les loisirs nécessaires pour prendre leur part du patrimoine humain, pour goûter à ces joies de l'esprit qui font la beauté de la vie. Ils m'apparaissent comme les cariatides du monde social : ployés sous la pesée de la civilisation matérielle, œuvre de l'industrie et de ses

(1) Conférence faite à Montpellier, sous la présidence de M. Sabatier, doyen de la Faculté des sciences, le lundi 6 novembre 1899.

machines, ils ne peuvent tourner la tête, lever les yeux vers le ciel lumineux de la civilisation spirituelle où se meuvent les Arts, les Sciences, les Philosophies, toutes les filles divines de la pensée humaine.

C'est pour remédier à cette situation, c'est pour redresser ce tort que se sont constituées les Œuvres de l'Enseignement populaire. Vous connaissez ces œuvres ; on en parle heureusement beaucoup, depuis quelque temps. Vous savez qu'en Angleterre, depuis longtemps déjà, fonctionne « l'Extension Universitaire ». Il m'a été donné de visiter, dans un des quartiers les plus laids et les plus misérables de Londres, une des plus belles maisons qui soient au monde : chaque soir, des étudiants y viennent partager, avec des ouvriers, la science qu'ils ont déjà acquise. En Belgique, spectacle plus beau encore, ce sont des « Maisons du Peuple » qui s'élèvent, par le miracle de la coopération ; là, le peuple est, comme il dit, « dans ses meubles », et c'est chez lui qu'il prie les artistes de lui faire admirer leurs œuvres. En France, enfin, on n'est pas resté inactif ; grâce surtout à l'initiative entêtée d'un ouvrier, de Deherme, une vraie « Université populaire » est debout, en plein Faubourg Saint-Antoine. La province travaillait de son côté : à Lyon, à Lille, à Toulouse, à Rennes, à Nimes, partout des sociétés d'Enseignement allument leur flambeau, le soir, pour attirer les âmes. —

Dans ce grand mouvement, quelle a été la place de Montpellier ?

Montpellier, Mesdames et Messieurs, est pavé d'excellentes traditions. Chacun sait que nous sommes la première Université de France, la plus vieille; nous avons ce qui manque à toutes ces Universités nouvelles dont on sème le territoire : nous avons des racines. Il est bien entendu qu'ici l'Université tient à sa ville, et sa ville à l'Université. Aux anniversaires, aux inaugurations, aux séances de rentrée, nous nous répétons ces choses; et elles sont toujours, en effet, bonnes à entendre. Mais me sera-t-il permis d'insinuer que cette légitime admiration de nos traditions ne va pas sans quelque danger ? Cette espèce de confiance, de sécurité d'esprit que nous donne notre passé, ne nous fait-elle pas oublier, parfois, la nécessité de l'action dans le présent? N'arrive-t-il pas, en un mot, que nous dormions sur nos lauriers, comptant que l'esprit des temps va continuer, pendant notre sommeil, à tisser, entre l'Université et la ville, ces liens précieux, ces liens fragiles, qui se dénouent si vite dès qu'on n'y veille pas ? C'est pour cela, peut-être, que la plus vieille Université de France n'a pas été la première lorsqu'il s'est agi de rapprocher réellement, intimement, par les Œuvres de l'Enseignement populaire, les Universités et le peuple. Il ne tient qu'à nous, du moins, de regagner l'avance perdue.

Dès l'année dernière, des étudiants — car je tiens à le dire à l'honneur de notre jeunesse, ce sont des étudiants ici, qui ont pris l'initiative — allaient à la Bourse du travail, où ils avaient des salles toutes prêtes, et des auditeurs tout trouvés, faire quelques conférences. Bientôt ils s'adjoignaient quelques amis, quelques professeurs; on demanda que les salles d'école nous fussent ouvertes, le soir; et c'est ainsi que, depuis l'hiver dernier, dans les différents quartiers de la ville, nous avons donné une trentaine de conférences et de lectures.

C'est cette œuvre que nous voulons cette année reprendre et développer : avoir un « chez nous », passer du régime nomade au régime sédentaire, ajouter à nos conférences des exhibitions de gravures et des auditions musicales, installer une bibliothèque ouverte tous les soirs, jeter enfin les fondements de la future « Maison du Peuple » de Montpellier, voilà les vastes projets auxquels je veux vous associer, en faveur desquels je veux plaider ce soir.

Mais, me direz-vous, pourquoi plaider ? Pourquoi vous débattre contre un réquisitoire qui n'a pas été prononcé ? Qui vous blâme ? Votre œuvre est belle, noble, généreuse. Continuez.

Nous sommes heureux, Messieurs, mais nous ne

nous contentons pas de ces approbations qu'on nous donne en passant. Il nous faut davantage ; nous ne voulons pas seulement l'adhésion de la bouche, mais l'adhésion du cœur. Pour que cette œuvre fleurisse et fructifie, il faut qu'elle soit comme implantée au cœur de la ville, soutenue, sauvegardée, choyée par tous les citoyens. Il faut, en conséquence, que toutes les objections plus ou moins vagues qu'on pourrait nous adresser soient précisées, afin d'être dissipées. Vous connaissez ces arguments incertains, ces hésitations, ces restrictions qui ne se formulent pas, mais qui pourtant, en s'accumulant, enraient une entreprise, et brisent son élan : ce sont tous ces fantômes que je veux forcer à prendre corps, afin de pouvoir les combattre corps à corps.

Prêtons donc l'oreille aux voix fâcheuses ; j'en discerne trois : la voix des dilettantes, celle des intransigeants, celle des timorés. Et les uns diront : « Ce que vous voulez faire là, ce sera ennuyeux. » — Et les autres : « Ce sera inutile. » — Et les derniers : « Ce sera dangereux » — Et toutes ces voix, sans doute, s'entendraient pour conclure, en un accord parfait : « En somme, c'est naïf. »

Notre œuvre doit-elle donc être fatalement ennuyeuse ?

Mais d'abord, elle ne nous ennuie pas du tout, pour notre part ; elle nous procure même des plaisirs nouveaux et variés. — Par exemple, elle nous donne une occasion de voir du pays, de sortir de notre monde ; et ce n'est pas un résultat à dédaigner. Le monde ! Ce mot qui ne devrait éveiller qu'idées vastes et larges, n'ai-je pas le droit de dire que bien souvent il peut nous rappeler nombre de petitesses et d'étroitesses ? En arrivant dans une certaine ville, je demandai s'il fallait aller faire visite à tel fonctionnaire ; on me répondit : « C'est inutile, il n'est que du septième monde. » Trop souvent ainsi les conditions sociales nous divisent en mondes, fermés les uns aux autres, et où l'on étouffe un peu, parce qu'on y respire toujours le même air. N'est-ce pas une vraie joie que de briser ces cadres, de bondir par-dessus toutes ces conventions pour aller chercher, à l'extrémité de la société, ceux dont nous sommes trop souvent séparés, — les travailleurs manuels ? Nous réaliserons ainsi des vœux bien souvent formés en vain, par ceux-là mêmes qui sont « arrivés », qui ont une « situation », et qui regrettent de passer désormais leur vie, on ne sait pourquoi ni comment, à l'écart de ce peuple dont parfois ils sont sortis.

Par-dessus toutes ces barrières nous jetons hardiment le pont, et à ceux qui le franchissent avec nous, ce n'est pas de l'ennui, c'est un plaisir tout neuf que nous promettons : le plaisir de se créer des amis nouveaux dans des terres malheureusement trop peu connues.

D'ailleurs, nos plaisirs ne tiendront pas seulement aux hommes nouveaux que nous rencontrerons ; ils tiendront encore à la nature des choses que nous porterons devant nous, comme autant de présents royaux, dans ces visites au peuple. Car ce seront les symphonies, les tableaux, les découvertes scientifiques, les théories philosophiques, tout ce que l'esprit humain a produit de plus brillant et de plus solide ; c'est dans l'admiration de ces belles choses que nous voulons communier avec nos auditeurs. Par là encore, nous répondrons à bien des vœux inexaucés. Combien de fois, dans la paix du laboratoire ou de la bibliothèque, lorsque nous jouissons de la fécondité imprévue d'une découverte, de l'ordonnance d'un système, ou de la sonorité et de la plénitude d'une strophe, combien de fois ne regrettons-nous pas de ne pouvoir multiplier notre jouissance, en la faisant partager ?

Dans ses *Vers d'un Philosophe,* Guyau a dit :

« Lorsque je sens le beau, je voudrais être deux. »

Et le vers n'est pas très bon, mais l'intention est excellente, et l'impression très juste. Nous l'avons tous éprouvée.

Lorsque vous gravissez seul quelqu'une de nos

montagnes — l'Aigoual, le Mont Lozère, le Canigou — à mesure que la plaine se déroule et s'élargit sous vos yeux, ne vous est-il pas arrivé de vous retourner instinctivement, de chercher un compagnon pour lui serrer le bras et pour lui dire : « Regarde, regarde donc comme la terre est belle, et que ses aspects sont variés et saisissants! » Ainsi, lorsque nous aurons aidé un de nos frères à escalader ces sommets de la pensée humaine d'où se découvrent de si larges horizons, ce sera pour nous un bonheur sans prix que de pouvoir le prendre par le bras et lui dire : « Regarde, mais regarde donc comme l'humanité est grande, et qu'elles sont nombreuses et variées les œuvres qu'elle a laissées pour toi! »

Ces joies, ce n'est pas seulement en pensant à ceux que nous instruirons que nous les éprouverons ; c'est encore en pensant à ceux que n us ferons connaître. N'est-ce pas une pitié, en effet, que le silence et l'inertie où on laisse s'immobiliser tant de grands hommes? On dit quelquefois que leurs œuvres dorment dans les bibliothèques. Elles y « dorment », en effet ; et j'imagine parfois que dans leur sommeil douloureux elles doivent attendre avec impatience l'âme curieuse, l'âme hardie qui viendra les éveiller un instant.

Combien de fois, ainsi, la civilisation spirituelle passe-t-elle au-dessus de nos têtes, sans se poser

sur aucune d'elles ! Si l'on pouvait faire le compte
des pages de Chateaubriand, ou de Renan, ou de
Bossuet qui ont été « lues » l'an dernier à Montpellier,
ville intellectuelle, peut-être serions-nous effrayés
par la pauvreté de cette statistique. Combien de
gens, encore, savent que notre ville a donné nais-
sance à deux des plus grands philosophes français
de ce siècle, Auguste Comte et M. Renouvier ?
Toujours est-il que l'an dernier, malgré de discrè-
tes invitations, le centenaire de A. Comte passait
presque inaperçu parmi nous, et qu'il y a deux ans,
à la Bibliothèque municipale, ses œuvres complè-
tes n'étaient pas encore coupées. Est-ce que ce ne
sera pas une joie que de couper tous ces feuillets
trop respectés, et de les jeter aux quatre vents de
la ville ? Ces fleurs de serre qui sont les plaisirs de
l'esprit, nous voulons les semer à pleines mains, en
pleine terre, pour que leur parfum pénétrant aille
réjouir, au moins un instant, l'âme de tous ceux
qui passent.

Si nous travaillons ainsi, avec joie, à semer la
bonne parole, je dis qu'avec joie elle sera écoutée.
Nous savons qu'il couve dans l'âme ouvrière un feu
qui ne demande que des aliments. Dès la reprise
de nos conférences, l'autre jour, un ouvrier nous
écrivait pour nous encourager : « L'élan est donné,
les esprits studieux, réfléchis, avides de savoir, si
rares autrefois dans les classes ouvrières, sont au-

jourd'hui le grand nombre. » Nous le croyons, et la rareté même des jouissances esthétiques qui ont été accordées à la classe ouvrière nous est un gage de son ardeur.

Nous dira-t-on que pour goûter les belles choses que nous lui apportons, l'esprit de l'ouvrier n'a pas été assez assoupli ? que la gymnastique de l'enseignement secondaire lui manquera toujours? Messieurs, ayons la franchise de l'avouer : pour quelques esprits, que notre enseignement secondaire assouplit, en effet, n'en est-il pas beaucoup qu'il roidit et qu'il ankylose ? à qui il ôte le goût de revenir, en hommes, à ces textes qui les ont rebutés enfants? Si donc nous voulons que les beautés classiques elles-mêmes produisent tout leur effet, peut-être vaut-il mieux avoir affaire à des âmes toutes fraîches, que le baccalauréat n'a pas fanées. A cet égard, d'ailleurs, notre expérience — vieille d'une année — nous donne confiance. Je ne me rappelle pas sans émotion une de nos premières séances. C'était à la Bourse du travail : sur les bancs d'une petite salle, une douzaine d'ouvriers, quelques étudiants, et un homme de la police, — car, ignorant encore la pureté de nos intentions, on nous faisait surveiller. — Le conférencier lut, puis commenta la *Tristesse d'Olympio*. Il fit appel aux souvenirs personnels, disant comment chacun, en se penchant sur cette rêverie, comme sur un fleuve splendide, pouvait y retrouver l'image agrandie et comme humanisée de ses propres sentiments ; et, les esprits préparés, quand il relut ces strophes éternelles que vous connaissez tous, j'ose dire que dans notre petite salle, les grands souffles de la poésie ont passé, nous avons frissonné d'une émotion unanime..... la police elle-même semblait attendrie. Messieurs, ce sont là de bons moments, de beaux moments, dont on aime à se souvenir : si nous pouvons ainsi multiplier ces quarts d'heure où, comme disait Taine , « l'on n'est pas tout à fait une brute », notre œuvre sera bonne. Elle accroîtra cette provision de joies saines et pures qui sont nécessaires à une vie vraiment humaine.

**

Mais, dira-t-on, votre ambition est plus haute, sans doute. Vous ne voulez pas seulement amuser, vous voulez aider le peuple à s'élever, l'habituer à des l'air hauteurs, transformer toutes ses habitudes d'esprit.

Pour de pareilles transformations, quels moyens nous proposez-vous ? Pauvres professionnels de la parole, qui croyez encore que c'est avec des mots qu'on change les situations sociales ! Si vous souhaitez sincèrement de réformer l'état mental de la classe ouvrière , réformez d'abord son état économique. Faites que ses salaires augmentent, et surtout que ses journées diminuent ; sans quoi, les âmes que vous avez un instant surélevées retomberont forcément dans les bas-fonds. Karl Marx l'a bien montré : vos civilisations spirituelles ne sont que les reflets ou les échos des civilisations matérielles. La façon dont les hommes pensent et rêvent est déterminée par la façon dont ils cultivent la terre, manufacturent les objets, gagnent leur pain quotidien. Les philosophies, les sciences, les arts ne sont que les panneaux du décor dont les piliers sont les formes de la production. Si vous voulez vraiment que le décor change, et que ce ne soit pas toujours la même comédie, attaquez les piliers, socialisez les moyens de production : la verrerie aux verriers, la mine aux mineurs ! Voilà les révolutions économiques que nous vous demandons..... et vous nous apportez du vent, de bonnes paroles, avec un peu de musique autour.

Que répondrons-nous à cette apostrophe ?

Nous répondrons tout simplement : « On fait ce qu'on peut. Nous ne sommes pas des rois. » Et, quand nous serions des rois, pourrions-nous donc les opérer à coup de décrets, ces grandes transformations économiques ?— Le socialiste orthodoxe doit en douter. Karl Marx l'a dit : L'homme pourra bien adoucir l'enfantement de la société nouvelle ; il ne saurait la faire jaillir, à l'appel de son désir, du sein des sociétés anciennes. Des transformations aussi profondes ne peuvent guère s'opérer que mécaniquement. Mécaniquement le nombre des prolétaires augmentera, pendant que diminuera le nombre des propriétaires ; mécaniquement la concurrence tuera la concurrence et se suicidera dans le monopole ; mécaniquement les capitaux se concentreront dans un petit nombre de mains jusqu'au jour où mécaniquement, presque sans secousses, ils pourront être transférés à l'ensemble et vraiment socialisés.

Lorsque la croûte terrestre a été lentement soulevée pendant des siècles, un craquement se produit, qu'il n'appartenait à aucune volonté humaine de retarder ou d'avancer. Ainsi les grands craquements sociaux surviendront à leur heure, après ces lents soulèvements qui sont les progrès de la grande industrie, sans que cette heure puisse être retardée, ou avancée, par aucune volonté humaine. Laissez passer la force des choses : voilà le dernier mot de la philosophie matérialiste.

Qu'est-ce à dire ? Devrons-nous donc nous croiser les bras, impassibles et impuissants ? Admettrons-nous que notre agitation superficielle ne change rien à l'évolution des sociétés, comme nos allées et venues sur la surface de la terre ne changent rien au mouvement qui l'emporte à travers le ciel ? — Nous nous refusons à ce fatalisme. Si nous connaissons et respectons la force des choses, nous croyons aussi à l'effort des hommes, nous croyons que l'idée peut, dans une certaine mesure, contre-carrer l'intérêt, que la civilisation spirituelle peut réagir sur la civilisation matérielle, pour discuter ses exigences et limiter sa pression. En acceptant le débat sur le terrain où l'on nous entraîne, en nous plaçant au point de vue des intérêts de la classe ouvrière et des réformes du droit qu'elle attend, nous prétendons que notre œuvre a un rôle utile à jouer.

Et, en effet, l'histoire des précédentes réformes du droit est là pour nous l'apprendre : dans le calcul des forces de conservation et de transformation, ce ne sont nullement des quantités négligeables que les quantités morales ; il n'est pas indifférent que les classes réclamantes aient plus ou moins de prestige, de valeur sociale, d'autorité.

Voyez ce qui s'est passé au XVIIIe siècle ; la bourgeoisie avait fait ses preuves. En richesses, en travail, en talents, elle s'était montrée égale ou supérieure à la noblesse. Le prestige dont elle s'était entourée l'aidait à forcer les portes de la législation, et à en briser les cadres trop étroits. De même, s'il est vrai que les classes ouvrières doivent quelque jour résister victorieusement à cette espèce d'accaparement de leur temps et de leurs forces auquel tendent les progrès de la civilisation matérielle, qui dira que la part qu'ils auront prise, d'ores et déjà, à la civilisation spirituelle, n'augmentera pas leur force de résistance ?

Lorsqu'on parle de diminuer la longueur de la journée de travail, combien répondent : « De ces heures dérobées au travail, que feront les ouvriers ? Autant d'heures rendues au cabaret, et perdues dans l'absinthe ? » N'est-il pas vrai que si, dès à présent, une phalange croissante d'ouvriers fait mentir cette opinion mauvaise, se dresse lentement et, sur les fronts encore trempés de sueur, fait rayonner les signes de la raison, l'autorité des revendications ouvrières en sera justement accrue ? Ne se feront-ils pas mieux écouter de la société lorsqu'ils viendront lui dire : « J'ai goûté à la vie de l'esprit : j'en veux désormais ma part pleine. Arrange-toi, organise-toi pour me laisser plus d'air, plus de lumière, plus de liberté ; car j'ai des yeux et je n'ai pas vu, car je n'ai point entendu et j'ai des oreilles ; je veux ma place au soleil de la pensée, car j'ai prouvé que j'étais un être pensant. » Les réclamations ouvrières auront donc d'autant plus de poids, de gravité que l'ouvrier se sera élevé plus haut sur l'échelle des idées.

Partout, ainsi, où l'ouvrier montre plus de dignité, et cherche plus de culture, en Angleterre, en Amérique, il sait faire reculer les puissances qui l'oppriment ; là au contraire où le prolétariat n'est qu'une masse amorphe, sans levain, sans principe d'organisation, sans effort pour s'élever, c'est là qu'il n'est plus vraiment qu'une chair à machine, victime désignée des fatalités économiques. C'est pourquoi nous aurons le droit de dire à ceux qui, songeant avant tout à la nécessité de faire aboutir les revendications socialistes, hésiteraient au seuil de nos conférences : « Entrez et soyez sûrs que vous ne sortirez pas d'ici diminués. Le travailleur qui se laisse abrutir par l'absinthe travaille pour l'oppression ; le travailleur qui se laisse ennoblir par l'idée travaille pour l'émancipation. Ce ne sont pas seulement quelques quarts d'heure de hautes joies que nous vous offrons ; vous préparez, en vous élevant un meilleur avenir. »

.*.

Mais, nous dira-t-on alors, s'il est vrai que votre œuvre n'est pas forcément inutile, si elle peut rendre de pareils services à la classe ouvrière, savez-vous bien que vous êtes dangereux ? La police avait bien raison de surveiller vos débuts. Vous allez troubler l'eau qui dort, et y provoquer je ne sais quels bouillonnements suspects. Les édifices, déjà séculaires, à l'ombre desquels nous coulons une vie tranquille, n'en seront-ils pas ébranlés ?

Après cette éducation nouvelle, le peuple sera plus inquiet sans doute, plus impatient, plus exigeant, plus redoutable. C'est pour cette mobilisation des forces ouvrières que vous nous demandez, à nous, classe bourgeoise, des munitions ! Métier de dupes !

C'est nous inviter à aiguiser des esprits dont les facultés critiques se retourneront contre nous, — à jeter des épées en l'air pour qu'elles nous retombent sur la poitrine.

Telle est l'objection. Et ne me dites pas que je l'exagère, que personne ne voudrait la formuler ainsi. Personne ne la formulerait, peut-être, mais beaucoup la penseraient par devers eux, ce qui est pire. Pendant ces vacances, en Bretagne, j'exposais à un industriel de mes amis, ce que nos étudiants avaient fait l'an dernier, ce que nous comptions faire avec eux cette année ; et pendant que je lui déroulais ces beaux projets, je lisais clairement dans ses yeux : « Quel bonheur que vous soyez à Montpellier ! le bon Dieu éloigne de nous tous ces faiseurs d'expériences sociales ! » Plus d'une fois, sur notre route, nous rencontrerons des appréhensions pareilles ; nous avons donc le droit de tirer au clair leur grief.

La question qu'elles nous amènent à poser est des plus graves : un souci de classe doit-il primer un devoir envers l'humanité ? — Si nous avons une fois choisi d'aimer la civilisation, de collaborer à son progrès, de faire en sorte qu'elle devienne, comme c'est sa tendance, vraiment démocratique, et la démocratie vraiment civilisée, ces craintes qu'on nous oppose doivent-elles enrayer le prosélytisme de la raison qui nous entraînait ? Voilà ce qu'il faut nous demander, en remontant aux principes qui dirigent notre conduite.

Vouloir que la civilisation soit démocratique, c'est vouloir en effet que l'éducation, l'instruction, la culture, tout ce qui fait l'homme « deux fois né », ne soit plus le privilège d'une caste, le monopole d'une minorité, mais le partage de tous. C'est ce que notre société a compris, lorsqu'elle a décrété qu'à tous les citoyens, pour qu'ils fussent dignes de ce nom, devrait être donnée l'instruction primaire. Viendrez-vous dire : « Que du moins cette instruction reste primaire, élémentaire ! Qu'elle ne s'élève. pas trop haut ! Prenez garde. Le nombre des crimes, des suicides ne cesse de s'accroître ; en forçant la dose de l'instruction vous allez augmenter la gravité de la crise. »

A cela, Messieurs, nous devons répondre, si nous tenons à la cause de la civilisation démocratique : « Les documents invoqués ne prouvent pas qu'on a trop fait pour l'éducation du peuple, ils prouvent qu'on n'a pas fait assez. Si l'école primaire n'a pas encore donné tous les bons fruits qu'on en attendait c'est que les œuvres post-scolaires n'étaient pas encore là pour entourer et sauvegarder les frêles arbustes qu'elle avait plantés. » Si l'instruction élémentaire n'a pas élevé le peuple au niveau visé, c'est qu'il fallait y adjoindre une instruction supérieure. Sous peine de je ne sais quelle déchéance intime et profonde, nous ne saurions consentir à cette sorte de malthusianisme de la pensée, que serait une limitation volontaire de l'expansion intellectuelle.

Dans son effort vers la lumière, la démocratie peut être comparée à une immense vague, qui monte du fond des siècles ; à chacun de ses bonds, des gens s'effraient, roulent des rochers, dressent une digue, et pendant que leurs adversaires s'écrient : « En avant ! toujours plus haut ! », eux disent : «Arrête, tu n'iras pas plus loin. » Au moment de l'histoire où nous sommes, il faut prendre parti : Etes-vous pour la digue ou pour la vague ? Pour l'arrêt ou pour l'élan ? Quant à nous, Messieurs, notre choix est fait, nous sommes pour la vague.

Et si je tenais à le répéter, c'est qu'il faut, avant tout, définir ses positions avec netteté, avec franchise. Il est entendu que notre Société ne fait pas de politique, au sens propre, j'allais dire au sens malpropre du mot. Nous entendons n'être les clients ou les patrons d'aucune personnalité, les fidèles d'aucune chapelle, d'aucun dogme. Mais si c'est faire de la politique que de choisir entre les grandes tendances historiques qui se disputent l'humanité, alors nous ne pouvons renoncer à la politique sans abdiquer en même temps tout espoir d'action sociale, et nous optons décidément pour cette politique qui veut que la lumière soit, que son règne arrive, et qu'elle luise enfin pour tout le monde.

Lorsqu'on a une fois fait ce choix, et qu'on a dominé l'histoire de ces hauteurs, n'ai-je pas le droit de dire que les calculs que je prêtais tout à l'heure à un adversaire imaginaire, nous paraîtraient singulièrement mesquins? Enivrés de ces grands rêves, comment nous prêterions-nous à cette avarice intellectuelle? Ce serait, penserions-nous, le plus odieux des accaparements, que cet accaparement des richesses spirituelles dont nous avons la garde. Qu'importe qu'en les distribuant, nous puissions nous trouver un jour gênés dans nos habitudes et troublés dans nos conventions? Ne serions-nous pas disposés à jeter plus d'une convention, plus d'une habitude au foyer de la machine, si c'était vraiment nécessaire pour que l'humanité continuât sa marche?

Mais, Messieurs, je plaide le pire, je fais le jeu de nos adversaires. Je démontre qu'il faudrait encore aller de l'avant, notre œuvre dût-elle être dangereuse pour nous. Mais qu'elle soit en réalité dangereuse, je n'en crois rien. J'estime au contraire qu'elle doit être une arme précieuse contre des dangers plus réels, — ceux-là mêmes qui menacent ces unités nationales auxquelles nous tenons. Il n'y a pas, nous le savons, d'unité nationale sans communauté d'idées, de traditions, d'admirations. Prenons garde que les progrès de la civilisation matérielle, si on l'abandonne à elle-même, n'ébranlent sourdement cette communauté nécessaire. En effet, par cela seul qu'elle accapare la vie de toute une catégorie de citoyens, elle tend à en faire dans la nation une classe exclue, qui n'a plus d'idées communes avec les autres classes.

Un homme d'État anglais le remarquait dès 1815 : « Les progrès de l'industrie créeront de nouvelles races d'hommes. » Paroles terribles, s'il était vrai que les nations, par le développement de la civilisation matérielle, dussent être divisées en deux races — la race aux mains noires et la race aux mains blanches — bientôt ennemies par cela seul qu'elles seraient devenues étrangères l'une à l'autre. Michelet, en 1848, signalait ce danger lorsqu'il demandait à l'étudiant d'être comme le ciment vivant de la nation, et de refaire, à chaque instant, l'accord organique de ses parties. C'est précisément le rôle que notre œuvre aspire à jouer. Entre les deux armées qui se mesurent du regard, elle nous permet d'intervenir, levant le drapeau des idées et sonnant le ralliement autour des belles choses qu'on peut admirer ensemble. Ainsi, comme Siegfried, nous aurons à reforger les tronçons d'un glaive trop souvent brisé ; et, comme Siegfried, nous les reforgerons en chantant, parce que nous aurons les idées pour marteaux, et le vrai et le beau pour enclume.

Et sans doute — car il ne faut pas se faire trop
d'illusions tout de même — de pareils efforts ne sau-
raient suffire à dénouer les questions sociales. Les
problèmes économiques, qui divisent les citoyens,
attendent vraisemblablement d'autres solutions.
Mais on peut espérer du moins que, grâce à nos
œuvres unifiantes, ces solutions auront quelque
chose de plus rationnel, de plus raisonnable, de
plus humain.

S'il est vrai que l'humanité doive voir encore
quelque grand règlement de comptes, ne vaudrait-
il pas mieux, en tout état de cause, régler ces
comptes avec des esprits éclairés, qu'avec ces
hordes de barbares dont nous menaçait Macaulay?
Ces grands débats ne seront-ils pas plus nobles,
si de part et d'autre, dans les classes divisées par
l'intérêt, il y a des hommes vraiment hommes,
qui se reconnaissent comme des frères? Peut-être,
ainsi, les futurs remaniements du droit s'opèreront-
ils sans brutalité, sans effusion de sang, par la seule
puissance d'expansion des idées. Nul ne peut se
vanter de clore l'ère des révolutions ; mais on peut
espérer de hâter l'heure des révolutions pacifiques.
De ce point de vue, encore, nous avons le droit
de dire que notre œuvre travaille pour la paix,
bien plutôt que pour la guerre sociale.

Mais d'ailleurs, Messieurs, pour repousser d'un coup toutes les objections qu'on pourrait nous adresser, nous rappellerons qu'il y a quelque chose de beaucoup plus dangereux que tout ce que nous pouvons faire; et c'est de ne rien faire du tout.

Trop longtemps nous avons pratiqué cette politique d'abstention. Nous qui avions le dépôt de la civilisation spirituelle, nous nous sommes retirés dans notre « librairie », *in angello cum libello*, persuadés qu'au dehors le monde s'organiserait de lui-même. Nous jouissions alors d'un optimisme dont nous sommes revenus. Longtemps nous avons pu croire, comme l'ont cru nos pères, que le progrès de la civilisation matérielle entraînerait fatalement celui de la civilisation spirituelle, que le perfectionnement des hommes irait nécessairement de pair avec le perfectionnement des choses.

L'expérience du siècle dément décidément cette illusion. Il n'est pas vrai que ces deux progrès marchent de front, comme deux chevaux dociles : au contraire, pour qu'il y ait entre la civilisation spirituelle et la civilisation matérielle coïncidence et harmonie, il faut les efforts violents, ou plutôt les efforts patients des volontés associées. La civilisation digne de ce nom est un édifice qui ne s'élève et ne se maintient que par la conspiration de nos volontés individuelles ; à chaque fois qu'en chacun de nous il se produit une défaillance, un geste d'abandon, une pensée d'inertie et de lâcheté, à chaque fois, dans l'édifice social, c'est un ciment qui se désagrège, c'est une pierre qui tombe, et, de pierre en pierre, ce sont des pans qui s'écroulent. Voulons-nous ne pas assister passifs à cet écroulement ? Unissons-nous alors pour faire pénétrer l'esprit dans la matière et la civilisation dans la démocratie.

Et si c'est là notre naïveté, de croire à l'influence rénovatrice de ces unions, nous acceptons alors, nous sommes heureux d'être naïfs. Car cette naïveté, en même temps qu'elle donne son élan à l'action, donne son prix à la vie. Bienheureux ces naïfs qui croient à l'efficacité de l'effort, car ils n'auront pas seulement mérité la lumière intérieure, mais le rayonnement social ! Heureux ces simples d'esprit qui croient à la puissance de la raison humaine, car s'ils y croient avec passion, ce n'est pas seulement le royaume des cieux qui leur appartiendra, c'est le royaume de la terre.....

IMPRIMERIE CENTRALE DU MIDI.

BIBLIOTHÈQUE POPULAIRE

DE MONTPELLIER

14, boulevard Victor-Hugo, 14

La Salle de lecture est publique et *absolument gratuite*.

On y trouvera de nombreux ouvrages de littérature, romans, théâtre, sciences, histoire, géographie, voyages, etc.

De nombreuses revues sont aussi à la disposition des lecteurs: *Illustration, Revue des Revues, Monde moderne, Revue socialiste, la Revue de Paris, la Revue des Deux Mondes, l'Officiel, etc., etc.*

Le payement d'une cotisation annuelle de CINQ FRANCS comme membre honoraire, ou de DEUX FRANCS comme abonné, donne droit au *prêt à domicile*.

La Bibliothèque est ouverte tous les jours de la semaine de trois heures à six heures de l'après-midi et de huit heures à dix heures du soir; le dimanche de deux à six heures de l'après-midi seulement.

LA SOCIÉTÉ D'ENSEIGNEMENT POPULAIRE DE L'HÉRAULT a été créée

dans le but d'aider à l'instruction supérieure du peuple.

Elle a organisé des conférences qui ont lieu tous les *mardi* et *jeudi*, à huit heures et demie du soir, dans une salle aménagée spécialement à l'École des garçons du boulevard Louis-Blanc.

Ces conférences, touchant à tous les domaines des sciences et des arts, sont accompagnées ou suivies de projections lumineuses, d'auditions musicales ou d'expériences qui les illustrent et en augmentent l'intérêt.

La Société invite tout spécialement à assister à ces conférences les ouvriers et leurs familles.

La Société a décidé de ne pas borner son action à la seule ville de Montpellier, mais, comme l'indique son titre, de l'étendre au dehors, jusqu'aux limites du département.

Elle répondra donc à toute demande de conférence qui lui sera faite de l'extérieur.

~~~~~~~~~~~~~~~~~~

N. B. — Prière d'adresser les correspondances, adhésions et souscriptions à la *Société d'Enseignement populaire de l'Hérault*, école de garçons, boulevard Louis-Blanc.

Montpellier.
~~~~~~~~~~~~~~~~~~

www.ingramcontent.com/pod-product-compliance
Lightning Source LLC
LaVergne TN
LVHW012143170726
843503LV00009B/3946